I0087679

Augen Ohren Nase -
Das Liederbuch
Neue Mitmach-, Lern- und Spielkreis- Lieder von Stephen Janetzko

Gesammelt und herausgegeben von Stephen Janetzko

ISBN-10: 395722070X

ISBN-13: 978-3-95722-070-7

Inhaltsverzeichnis

Augen Ohren Nase (Alle meine Sinne)

Text und Musik: Stephen Janetzko; CD "Augen Ohren Nase"
© Edition SEEBÄR-Musik Stephen Janetzko, www.kinderliederhits.de

Tempo: ca. 148

Ref.: Au-gen, Oh-ren, Na-se, Zun-ge und die Haut. Al-le mei-ne Sin-ne, sie sind mir ver-traut. 1. Ich kann se-hen, se-hen, se-hen, da-zu sind die Au-gen da. Und ich se-he, se-he, se-he vie-le Din-ge, hier und da.

Refrain: Augen, Ohren, Nase,
Zunge und die Haut.
Alle meine Sinne,
sie sind mir vertraut.

2. Ich kann hören, hören, hören,
dazu sind die Ohren da.
Und ich höre, höre, höre
alle Töne, hell und klar

Refrain.

3. Ich kann riechen, riechen, riechen,
dazu ist die Nase da.
Und ich rieche, rieche, rieche
alle Düfte, fern und nah.

Refrain.

4. Ich kann schmecken, schmecken, schmecken,
dazu ist die Zunge da.
Und ich schmecke, schmecke, schmecke
süß und sauer, wunderbar.

Refrain.

5. Ich kann fühlen, fühlen, fühlen,
dazu ist die Haut ja da.
Und ich fühle, fühle, fühle
von den Zehen bis zum Haar.

Refrain.

6. Ich kann sehen, hören, riechen,
ich kann schmecken, und ich fühl.
Es ist schön in meinem Körper,
so ein warmes Wohlgefühl.

Refrain.

Hier eine Spielanregung für das Lied „Augen Ohren Nase":
Im Refrain zeigen wir beim Singen mit den Zeigefingern auf die jeweils genannten Sinnesorgane (bei "Haut" den ganzen Körper von oben runter und wieder hoch, oder leichter einfach Hände reiben oder "Gesicht waschen").
In der 2. Hälfte des Refrains auf "Alle meine Sinne" sich selbst umarmen, zu "sie sind mir vertraut" 3x klatschen.
In den Strophen zeigen wir mit den Händen, was man mit den Sinnen jeweils macht.
Für jedes Sinnesorgan gibt es dabei eine eigene Strophe:
- *Sehen - Hände waagerecht vor die Stirn halten, als ob wir in die Ferne sehen.*
- *Hören - Hände an die Ohren halten, als würden wir diese vergrössern.*
- *Riechen - Hände an Nasenflügel halten, als würden wir diese verlängern.*
- *Schmecken - Hände zum Mund führen, als wollten wir die Fingerspitzen essen.*
- *Fühlen - Erst streichen wir über unsere Hände, dann einmal den ganzen Körper von unten nach oben.*

In der 2. Hälfte 6. Strophe können wir uns selbst umarmen und wohlig mit uns selbst kuscheln (im Refrain und in der 6. Strophe sind alle Sinne komplett vertreten).

An das Lied kann sich auch ein Gespräch über die Sinne anschließen, in dem die Kinder gefragt werden, was sie alles
- *sehen können (Menschen, Tiere, Autos, Dinge...),*
- *hören können (Gespräche, Musik, Geräusche, Tierlaute, Klingeln...),*
- *riechen können (Früchte, Kräuter, Aromen, Essen und Trinken, Menschen, Wald...),*
- *schmecken können (Geschmacksrichtungen: süß, sauer, salzig, bitter, zusammenziehend...),*
- *fühlen können (weich, fest, flüssig, leicht, schwer, angenehm...).*

Oder was wir mit den Sinnesorganen noch machen können (z.B. Atmen, Luft filtern, Schweiß absondern...)

Hallo, hallo, ja, heute sind wir froh!

Text und Musik: Stephen Janetzko; CD "Augen Ohren Nase"
© Edition SEEBÄR-Musik Stephen Janetzko, www.kinderliederhits.de

Tempo: ca. 120

1. Hal-lo, hal-lo, ja, heu-te sind wir froh! Hal-lo, hal-lo, ja, heu-te sind wir froh! Lasst uns den Tag be-gin-nen, wir wol-len fröh-lich sin-gen. Hal-lo, hal-lo, ja, heu-te sind wir froh!

1. Hallo, hallo, ja, heute sind wir froh!
Hallo, hallo, ja, heute sind wir froh! *(winken, "Scheibenwischer")*
Lasst uns den Tag beginnen,
wir wollen fröhlich singen.
Hallo, hallo, ja, heute sind wir froh! *(mitklatschen)*

2. Hallo, hallo, ja, heute ...
Die Sonne möge scheinen, *(Sonne = Kreis in die Luft malen)*
den Großen wie den Kleinen! *(Groß und Klein mit den Händen andeuten)*
Hallo, hallo, ja, heute ...

3. Hallo, hallo, ja, heute ...
Ich tauche einmal unter, *(unter Wasser schwimmen)*
Ich glaub jetzt bin ich munter. *(nicken oder mitklatschen)*
Hallo, hallo, ja, heute ...

4. Hallo, hallo, ja, heute ...
Jetzt schau ich in den Himmel *(nach oben schauen, mit Hand waagrecht an Stirn unterstützen)*
Und male lauter Kringel.
Hallo, hallo, ja, heute ...

5. Hallo, hallo, ja, heute ...
Wir können uns mal strecken *(Hände ganz nach oben strecken)*
Bis in die letzten Ecken *(auf Fußspitzen stehen und Finger noch ganz nach oben strecken)*
Hallo, hallo, ja, heute ...

6. Hallo, hallo, ja, heute …
Jetzt in die Kni-e bücken,
Dazu nach unten blicken.
Hallo, hallo, ja, heute …

7. Hallo, hallo, ja, heute …
Wir klatschen in die Hände *(oder alternativ: Wir reiben unsre Hände)*
Und klettern über Wände. *(wie wenn wir einen Berg erklimmen)*
Hallo, hallo, ja, heute …

8. Hallo, hallo, ja, heute …
Wir gehn auf allen Vieren
Und könn´ am Platz marschieren.
Hallo, hallo, ja, heute …

9. Hallo, hallo, ja, heute …
Wir schütteln unsre Hüfte
Und springen in die Lüfte.
Hallo, hallo, ja, heute …

10. Hallo, hallo, ja, heute …
Wir stampfen auf die Erde
Und reiten wie die Pferde.
Hallo, hallo, ja, heute …

11. Hallo, hallo, ja, heute …
Wenn wir uns nun verbeugen, *(nach vorne beugen, Arme und Po zeigen in die Luft)*
könn` wir den Popo zeigen.
(Po noch weiter nach oben und mit einem Finger draufzeigen)
Hallo, hallo, ja, heute …

12. Hallo, hallo, ja, heute …
Bevor ich wieder gähne *(Gähnen)*
Da putz ich mir die Zähne *(mit Zeigefinger Zähne putzen)*
Hallo, hallo, ja, heute …

Hier eine Spielanregung für das Lied „Hallo, hallo, ja, heute sind wir froh!":

Gedacht als Begrüßungs-, Wachmacher- oder Bewegungslied, das sich hervorragend im Kreis durchführen lässt. Die Reihenfolge ist grob am Tagesablauf orientiert. Bei den „Hallo"-Zeilen machen wir z.B. folgende Bewegungen: Erste Zeile mit den Armen winken (hin und her wie ein Scheibenwischer), zweite und letzte Zeile einfach rhythmisch mitklatschen. Das meiste ergibt sich aus dem Text (nur der Mittelteil der ersten Strophe ist noch ohne Bewegungen, dazu kann einfach wieder gewunken oder weiter geklatscht werden – oder weglassen und mit der 2. beginnen). Je nach den Bewegungen kann schneller oder langsamer gesungen werden. Die Strophen können nach Belieben gesungen oder getauscht werden.

Ich bin ein kleiner Hampelmann
(Hampelmann-Lied)

Text: Sabine Kokoreff/Stephen Janetzko; Musik: Stephen Janetzko; CD "Augen Ohren Nase"
© Edition SEEBÄR-Musik Stephen Janetzko, www.kinderliederhits.de

Tempo: ca. 150

1. Ich bin ein klei-ner Ham-pel-mann, der mit den Ar-men
2. Ich ham-pel fast den gan-zen Tag mit Arm und Bein, weil

ham-peln kann. Die Bei-ne sprin-gen hin und her. Mach ein-fach mit, ist
ich das mag. Schau zu mir hin, ich zeig es dir, und wenn du willst, dann

gar nicht schwer.
ham-peln wir.

Refrain: Bleib ein-fach stehn, die Ar-me
Schnell hüpfst du auf das an-dre

hoch, wie´s wei-ter - geht, sag ich dir noch. Die Ar-me jetzt im Krei-se
Bein. Dreh dich im Kreis ganz von al - lein. Hock dich mal hin, spring wie-der

drehn, auf ein - nem Bein kannst du auch stehn.
auf: Ich seh, du hast es wirk - lich drauf.

1. Ich bin ein kleiner Hampelmann,
der mit den Armen hampeln kann.
Die Beine springen hin und her.
Mach einfach mit, ist gar nicht schwer.

2. Ich hampel fast den ganzen Tag
mit Arm und Bein, weil ich das mag.
Schau zu mir hin, ich zeig es dir,
und wenn du willst, dann hampeln wir.

Refrain:
Bleib einfach stehn, die Arme hoch,
wie´s weitergeht, sag ich dir noch.
Die Arme jetzt im Kreise drehn,
auf einem Bein kannst du auch stehn.
Schnell hüpfst du auf das andre Bein.
Dreh dich im Kreis ganz von allein.
Hock dich mal hin, spring wieder auf:
Ich seh, du hast es wirklich drauf.

3. Du bist ein toller Hampelmann,
der richtig klasse hampeln kann.
Komm hampel doch noch einmal mit,
und sing mit mir das Hampel-Lied:

4. Ich bin ein kleiner Hampelmann,
der mit den Armen hampeln kann.
Die Beine springen hin und her.
Mach einfach mit, ist gar nicht schwer.

Refrain nochmals wiederholen, danach „lala…".

Spielanleitung: *Der "Hampelmann" ist ein Aktivlied zum Mitmachen. Alle Kinder folgen einfach den Anweisungen des Liedtextes. Beim Refrain bitte langsamer singen, damit alle Kinder Zeit haben zum Mitmachen. Zu Beginn der 3. Strophe können sich alle noch gegenseitig gratulieren.*

Ri-ra-ri-ra, rat einmal!

Text: K. Bucher; Musik: Stephen Janetzko; CD "Augen Ohren Nase"
© Edition SEEBÄR-Musik Stephen Janetzko, www.kinderliederhits.de

Refrain: Ri-ra-ri-ra, rat ein-mal! Rat mal, wer ich bin! Bin ich klein, groß o-der schmal, lang, dick o-der dünn? Jetzt hör gut zu, dann weißt du es im Nu!

(Hammer)1. Ich mach klopf, klopf, (klopf, klopf), treff je-den Na-gel auf den Kopf. Ich mach klopf, klopf (klopf, klopf), ich mach klopf, klopf! (klopf, klopf). Ri-ra-ri-ra, rat ein-mal! Sag jetzt, wer ich bin!

Refrain.

2. (Schere)
Ich mach schnipp, schnapp (schnipp, schnapp), schneid jeden dünnen Faden ab.
Ich mach schnipp, schnapp (schnipp, schnapp), ich mach schnipp, schnapp! (schnipp, schnapp)
Ri-ra-ri-ra, rat einmal! Sag jetzt, wer ich bin!
Refrain.

3. (Hupe)
Ich mach tut, tut (tut, tut), man hört mich, wenn es sein muss, gut.
Ich mach tut, tut (tut, tut), ich mach tut, tut! (tut, tut)
Ri-ra-ri-ra, rat einmal! Sag jetzt, wer ich bin!
Refrain.

4. (Pauke)
Ich mach bumm, bumm (bumm, bumm), du darfst mich haun, ich fall nicht um!
Ich mach bumm, bumm (bumm, bumm), ich mach bumm, bumm! (bumm, bumm)
Ri-ra-ri-ra, rat einmal! Sag jetzt, wer ich bin!
Refrain.

5. (Hund)
Ich mach wau, wau (wau, wau), mein weiches Fell ist schwarz und grau.
Ich mach wau, wau (wau, wau), ich mach wau, wau! (wau, wau)
Ri-ra-ri-ra, rat einmal! Sag jetzt, wer ich bin!
Refrain.

6. (Kuh)
Ich mach muh, muh (muh, muh), steh auf der Weide immerzu!
Ich mach muh, muh (muh, muh), ich mach muh, muh! (muh, muh)
Ri-ra-ri-ra, rat einmal! Sag jetzt, wer ich bin!
Refrain.

7. (Katze)
Ich mach miau, miau (miau, miau), hab scharfe Krallen und bin schlau!
Ich mach miau, miau (miau, miau), ich mach miau, miau! (miau, miau)
Ri-ra-ri-ra, rat einmal! Sag jetzt, wer ich bin!
Refrain.

8. (Schaf)
Ich mach mäh, mäh (mäh, mäh), mag frisches Gras und grünen Klee!
Ich mach mäh, mäh, (mäh, mäh), ich mach mäh, mäh! (mäh, mäh)
Ri-ra-ri-ra, rat einmal! Sag jetzt, wer ich bin!
Refrain.

Spielanregung:
Ein einfaches Tiere- und Gegenstände-Ratelied eher für die Kleineren.
Alle Kinder dürfen mitraten.
Evtl. kann je Strophe 1 Kind eingeweiht werden und z.B. ein Tier pantomimisch darstellen.
Wem fallen weitere Strophen ein?

In meiner Bi-Ba-Badewanne

Text und Musik: Stephen Janetzko; CD "Augen Ohren Nase"
© Edition SEEBÄR-Musik Stephen Janetzko, www.kinderliederhits.de

Tempo: ca. 188

Ref.: In mei-ner Bi - Ba - Ba-de-wan-ne will ich se-geln gehn. In mei-ner

Bi - Ba - Ba-de-wan-ne bin ich Ka-pi - tän. In mei-ner Bi - Ba - Ba-de-wan-ne

fahr ich ü-bers Meer. In mei-ner Bi-Ba - Ba-de-wan-ne komm ich wie-der her.

1. Im-mer wenn ich schmut-zig bin, na - na na - na na, sitz ich in der

Wan-ne drin, na - na na - na na. See-bär`n müs-sen sau-ber sein,

na-na na-na na, strah-len wie der Son-nen-schein, na-na na-na na.

Refrain:
In meiner Bi-, Ba-, Badewanne will ich segeln gehen
In meiner Bi-, Ba-, Badewanne bin ich Kapitän
In meiner Bi-, Ba-, Badewanne fahr ich über`s Meer
In meiner Bi-, Ba-, Badewanne komm ich wieder her

2. Ich seif meine Füße ein, nana nana na.
meine Knie, das ganze Bein, nana nana na.
Gründlich wasch ich meinen Po, nana nana na,
Vorderseite ebenso, nana nana na.

Refrain.

3. Rücken, Brust und meinen Bauch, nana nana na,
schrubb ich kräftig, Arme auch, nana nana na.
Hände waschen, schnell gemacht, nana nana na,
nun der Hals - wär ja gelacht, nana nana na!

Refrain.

4. Haare waschen, Stück für Stück, nana nana na,
in den Ohren sitzt noch Dreck, nana nana na.
Schnell noch Nase und Gesicht, nana nana na,
nur die Zähne wasch ich nicht, nana nana na.

Refrain.

5. So sitz ich von früh bis spät, nana nana na,
Leute, wie die Zeit vergeht, nana nana na.
Wasser raus, ich bin noch nass, nana nana na,
Handtuch her - das war ein Spaß, nana nana na!

Refrain.

Text und Spielanleitung zu „In meiner Bi-Ba-Badewanne"

Text und Musik: Stephen Janetzko
*© Edition SEEBÄR-Musik Stephen Janetzko, **www.kinderliederhits.de***

Refrain:
In meiner Bi-Ba-Badewanne will ich segeln gehn
(mit der Hand in der Luft Wellen nachzeichnen)
In meiner Bi-Ba-Badewanne bin ich Kapitän
(gleich oder ab dem Wort „Kapitän" - Kapitänsgruß - flache Hand schräg zum Kopf führen - und nach links und rechts mitschunkeln)
In meiner Bi-Ba-Badewanne fahr ich übers Meer,
(gleich oder ab dem Wort „Meer" Schiffsschraube machen - beide Hände in Bauchhöhe horizontal umeinander kreisen lassen)
In meiner Bi-Ba-Badewanne komm ich wieder her.
(gleich oder auf dem Wort „her" große "Winkbewegung" - weit ausgestreckte Hand zur Brust zurückführen - oder sich selbst oder eine andere Person umarmen aus Freude über die „heile Rückkehr")

1. Immer wenn ich schmutzig bin, nana nana na,
(an sich selbst runterschauen und skeptisch nach Schmutz suchen)
sitz ich in der Wanne drin, nana nana na. *(gemütlich hinsetzen)*
Seebär`n müssen sauber sein, nana nana na, *(mit dem Kopf zustimmend nicken)*
strahlen wie der Sonnenschein, nana nana na.
(aufspringen und Arme/Hände in die Luft strecken)

2. Ich seif meine Füße ein, nana nana na, *(Füße einseifen)*
Meine Knie, das ganze Bein, nana nana na. *(Knie, Beine einseifen)*
Gründlich wasch ich meinen Po, nana nana na,
(umdrehen, Po in Luft strecken und waschen)
Vorderseite ebenso, nana nana na. *(Region unterm Bauchnabel waschen)*

3. Rücken, Brust und meinen Bauch, nana nana na, *(schneller Ablauf: linke Hand auf Rücken deuten, rechte auf Brust, linke auf Bauch)*
schrubb ich kräftig, Arme auch, nana nana na.
(erst Bauch, dann Arme schrubben)
Hände waschen, schnell gemacht, nana nana na, *(Hände waschen)*
nun der Hals - wär ja gelacht, nana nana na! *(Hals waschen)*

4. Haare waschen, Stück für Stück, nana nana na, *(Haare gründlich waschen)*
in den Ohren sitzt noch Dreck, nana nana na.
(mit den Zeigefingern in den Ohren drehen)
Schnell noch Nase und Gesicht, nana nana na,
(erst Nase, dann Gesicht waschen)
nur die Zähne wasch ich nicht, nana nana na. *(erst Zähne mit Zeigefinger putzen, dann jedoch mit dem selben Zeigefinger ein „nein" machen)*

5. So sitz ich von früh bis spät, nana nana na, *(wieder gemütlich hinsetzen)*
Leute, wie die Zeit vergeht, nana nana na. *(auf – auch imaginäre - Uhr am linken Handgelenk rechten Zeigefinger kreisen lassen, als würde die Zeit davonrennen)*
Wasser raus, ich bin noch nass, nana nana na,
(imaginären Stöpsel aus der Wanne ziehen)
Handtuch her - das war ein Spaß, nana nana na!
(aufstehen, imaginäres Handtuch vom Haken nehmen und abtrocknen)

Spielanregung:
Bei diesem Lied rund ums Waschen und Spaßhaben in der Badewanne kann kräftig mitgewaschen werden, es gibt zu jeder Zeile eine Bewegung.
Für Fortgeschrittene (wenn alle Text und Bewegungen können) besonders spaßig als Kanon singbar: Zwei oder mehr Gruppen machen. Alle singen zunächst den Refrain gemeinsam. Eine Gruppe fängt dann an mit der 1. Strophe, während die anderen nochmals den Refrain singen. Wenn die 1. Gruppe wieder beim Refrain ist, startet die 2. Gruppe mit der 1. Strophe usw. So werden immer Refrain und Strophen übereinander gesungen – und da jede Gruppe andere Bewegungen macht, entsteht eine höchst lustige Wascherei. Zum Schluss können alle „fertigen" Gruppen solange den Refrain weitersingen, bis alle durch sind.
Übrigens...:
Ihr könnt euch natürlich auch andere Bewegungsabläufe ausdenken – im Laufe der Jahre habe ich schon die tollsten Choreografien für das Lied gesehen!

Kleiner Vampir (Vampir-Spiellied)

Text: Heidemarie Brosche/Sabine Brücken/Stephen Janetzko/Carole Sérafin; Musik: Stephen Janetzko;
CD "Augen Ohren Nase" © Edition SEEBÄR-Musik Stephen Janetzko, www.kinderliederhits.de

Tempo: ca. 168

1. Klei-ner Vam-pir, klei-ner Vam-pir! Schläfst du noch? Es ist doch schon dun-kel!

Schläfst du noch? Es ist doch schon dun-kel! Komm, steh auf!

1. Kleiner Vampir, kleiner Vampir! *(rhythmisch mitklatschen)*
Schläfst du noch? Es ist doch schon dunkel!
(Kinder legen Kopf zur Seite in die Hände)
Schläfst du noch? Es ist doch schon dunkel!
Komm, steh auf! *(Kinder deuten an, dass der Vampir aufstehen soll)*

2. Kleiner Vampir, kleiner Vampir!
Roter Saft, hast du schon getrunken? *(Trinken imitieren)*
Roter Saft, hast du schon getrunken?
Nein, noch nicht! *(Kopfschütteln)*

3. Kleiner Vampir, kleiner Vampir!
Was ist los? Bist du heute traurig?
(Schultern fallenlassen und traurig gucken)
Was ist los? Bist du heute traurig?
Wir sind's auch. *(Traurig nicken)*

4. Kleiner Vampir, kleiner Vampir!
Komm doch her, spiel doch bitte mit uns!
(Kinder winken den Vampir herbei)
Komm doch her, spiel doch bitte mit uns!
Ja, okay! *(Vampir nickt und kommt in den Kreis der Kinder)*

5. Kleiner Vampir, kleiner Vampir!
Dreh dich um, klatsch mal in die Hände!
(einmal im Kreise drehen und dabei klatschen)
Dreh dich um, klatsch mal in die Hände!
Jetzt bleib stehn! *(stehen bleiben)*

6. Kleiner Vampir, kleiner Vampir!
Hand in Hand tanzen wir im Kreise!
(alle fassen sich an den Händen und laufen im Kreis)
Hand in Hand tanzen wir im Kreise!
Das macht Spaß! *(alle jubeln!)*

Spielanleitung:
Dieses Lied ist als Kreisspiel gedacht.
Ein Kind ist als kleiner Vampir in der Mitte, die anderen stehen im Kreis drum rum. Zunächst liegt der Vampir und schläft, dann steht er auf.
Die Bewegungen können von allen Kindern mitgemacht werden, zum Schluss tanzen alle gemeinsam mit dem kleinen Vampir Hand in Hand im Kreise.
Nach einem Vampirfest kann als „roter Saft" (= Blut) dann Trauben-, frischer Blutorangen- oder Tomatensaft gereicht werden.

Pi-Pa-Pustewind

Text: K. Bucher; Musik: Stephen Janetzko; CD "Augen Ohren Nase"
© Edition SEEBÄR-Musik Stephen Janetzko, www.kinderliederhits.de

Refrain:
Pi-Pa, Pi-Pa-Pustewind,
pi-pa, puste doch geschwind!
Pi-pa-puh! Pi-pa-puh!
Pi-pa, pustest du?
Pi-Pa, Pi-Pa-Pustewind,
pi-pa, puste doch geschwind!
Pi-pa-puh! Pi-pa-puh!
Pi-pa, pustest du?

2. Hui, ich bin der Sommerwind,
pi-pa-puste, Sommerwind!
Hui, ich weh von Süden her!
Pi-pa-puh, weit über`s Meer,
hey, weit über`s Meer!

Refrain.

3. Hui, ich bin der Herbstzeitwind,
pi-pa-puste, Herbstzeitwind!
Hui, ich stürm von Osten her!
Pi-pa-puh, mein Weg war schwer!
Oh, mein Weg war schwer!

Refrain.

4. Hui, ich bin der Winterwind,
pi-pa-puste, Winterwind!
Hui, ich blas von Norden her!
Pi-pa-puh, ich friere sehr!
Oh, ich friere sehr!

Refrain.

Spielanregung:
Ein schönes Lied durch alle Jahreszeiten, auch zum Einführen der vier Himmelsrichtungen. Zwischen Strophe und Refrain kurz mit dem Singen warten - alle dürfen pusten!
*Alternativ kann dieses Lied **auch als Mühlenlied „Mi-Ma-Mühle, dreh dein Rad"** gesungen werden. Die Strophen bleiben hierbei dieselben, der Refrain lautet dann wie folgt:*
Refrain (2x gesungen):
Mi-Ma-Mühle, dreh dein Rad,
mahl das Korn für unsre Stadt.
Klippe, klapp, klippe, klapp,
klippe, klippe, klapp!

Bauer Hans

Text und Musik: Stephen Janetzko; CD "Augen Ohren Nase"
© Edition SEEBÄR-Musik Stephen Janetzko, www.kinderliederhits.de

Tempo: ca. 148

1. Bau-er Hans steht auf dem Feld, hat sein Feld schon bald be-stellt.
Heu-te will er pflü-gen: Pflü-gen, pflü-gen, kräf-tig ra-ckern,
im-mer-zu die Er-de a-ckern!

Bauer Hans steht auf dem Feld, hat sein Feld schon bald bestellt.
Heute will er...

2. säen:
   Säen, säen, weitergehen,
   Körner in die Felder säen.

3. pflanzen:
   Pflanzen, pflanzen, stecken, legen,
   bitte das Gemüse pflegen.

4. mähen:
   Mähen, mähen, alles schneide,
   nicht nur Heu, auch das Getreide.

5. wenden:
   Wenden, wenden, mit den Händen,
   immerzu das Heu umwenden.

6. binden:
   Binden, binden, Halme finden,
   diese dann zu Garben binden.

7. dreschen:
   Dreschen, dreschen, Ähren klopfen,
   Körner in die Säcke stopfen.

8. ernten:
   Ernten, ernten, Äpfel pflücken,
   zum Gemüse runterbücken.

9. feiern:
   Feiern, feiern, singen, lachen,
   und dazu ein Tänzchen machen.

10. schlafen:
    Schlafen, schlafen, wie die Grafen,
    noch ein Stündchen weiterschlafen.

11. Bauer Hans steht auf dem Feld, hat sein Feld schon bald bestellt.
Das ist seine Arbeit:
   Pflügen, pflügen, kräftig rackern, immerzu die Erde ackern.
   Säen, säen, weitergehen, Körner in die Felder säen.
   Pflanzen, pflanzen, stecken, legen, bitte das Gemüse pflegen.
   Mähen, mähen, alles schneide, nicht nur Heu, auch das Getreide.
   Wenden, wenden, mit den Händen, immerzu das Heu umwenden.
   Binden, binden, Halme finden, diese dann zu Garben binden.
   Dreschen, dreschen, Ähren klopfen, Körner in die Säcke stopfen.
   Ernten, ernten, Äpfel pflücken, zum Gemüse runterbücken.
   Feiern, feiern, singen, lachen, und dazu ein Tänzchen machen.
   Schlafen, schlafen, wie die Grafen, noch ein Stündchen weiterschlafen.

12. Bäuerin Rita ruft zu Tisch, heute gibt es alles frisch,
was der Hans mir bringet:
Brot, Gemüse, Obst, Salate stehn auf unsrer Speisekarte.
Hmm.

Spielanregung:
Bauer Hans ist noch ein Bauer „vom alten Schlag" und arbeitet noch mit seiner Hände Kraft statt mit moderner Maschinerie. Wir stehen im Kreis und spielen das Lied gemeinsam mit, zu jeder Arbeit ergibt sich eine Bewegung aus dem Liedtext.
Wo mehrere Abläufe genannt sind, der Einfachheit halber nur eine Bewegung ausführen: z.B. eine Schlagbewegung beim Ausdreschen der Ähren; beim Feiern bei den Nachbarn unterhaken und im Kreis tanzen usw.
Alle Tätigkeiten werden in der 11. extra-langen Strophe wiederholt.
Alle sind also aufgefordert, sich den Text und die Bewegungen gut einzuprägen.
Zur wieder kurzen Schluss-Strophe, in der dann auch die Bäuerin auftaucht, reiben wir zum Essen unsere Bäuche und stoßen ganz am Ende ein genüssliches „hmm" aus.

Es war einmal ein Papagei

Text: K. Bucher/Stephen Janetzko; Musik: Stephen Janetzko; CD "Augen Ohren Nase"
© Edition SEEBÄR-Musik Stephen Janetzko, www.kinderliederhits.de

Tempo: ca. 180

1. Es war ein-mal ein Pa-pa-gei, din-gel-dan-gel-ding-dang-dong, der konn-te spre-chen, eins, zwei, drei, din-gel-dan-gel-ding-dang-dong, auch pfei-fen fiel ihm gar nicht schwer, din-gel-dan-gel-ding-dang-dong, ja, das ge-fiel dem Kra-gen-bär, din-gel-dan-gel-ding-dang-dong. Din-gel-dan-gel-ding-dang-dong, din-gel-dan-gel-ding-dang-dong.

2. Es war einmal ein Kragenbär, dingel...,
der tanzte wild im Kreis umher, dingel...
er naschte Honig, viel zu viel, dingel....,
das ärgerte ein Krokodil, dingel...

3. Es war einmal ein Krokodil,
das lebte ganz allein am Nil,
es träumte davon, dann und wann,
zu fliegen wie ein Pelikan.

4. Es war einmal ein Pelikan,
der flog so weit, er fliegen kann,
vom blauen Nil zum Roten Meer,
dort schwamm ein Sägefisch umher.

5. Es war einmal ein Sägefisch,
der biss in einen Hut aus Plüsch,
dann schluckte er `nen alten Schuh,
da kicherte der Kakadu.

6. Es war einmal ein Kakadu,
der baute sich ein Nest im Nu,
dann flatterte er froh zum Strand,
dort sonnte sich ein Elefant.

7. Es war einmal ein Elefant,
der trieb im Dschungel allerhand,
ihn kannten alle, Groß und Klein,
sogar das stolze Stachelschwein.

8. Es war einmal ein Stachelschwein,
das zog in eine Höhle ein,
es rannte wieder raus, ganz flugs,
denn drinnen hauste schon ein Fuchs.

9. Es war einmal ein schlauer Fuchs,
er traf bei Nacht den scheuen Luchs,
der suchte nach `ner Haselmaus,
und nun ist dieses Liedchen aus!

10. Es war einmal ein Liedchen aus,
und alle wollten schon nach Haus.
Sie dachten, alles ist vorbei,
da hörten sie den Papagei...
(Lied beginnt von vorn)

Spielanregung:
Ein Endlos-Ketten-Lied in der Tradition alter Fahrtenlieder. Das "Dingel..." singen alle gemeinsam. Als kleines Ratespiel zur Konzentration:
Ab der 2. Strophe hört der Sänger nach "Es war einmal..." kurz auf zu singen und fragt, welches Tier jetzt an dieser Stelle von der vorherigen Strophe wiederholt wird (es ist stets das letzte).
Nach mehrmaligem Singen können die Kinder es natürlich auswendig.
Nach der neunten Strophe bei Aufführungen eine kleine Pause einbauen - das Publikum glaubt hier, da wäre das Lied zu Ende - in Wirklichkeit fehlt jedoch die 10. Strophe, mit der sich die Liedkette wieder schließt und erneut mit dem Papagei wieder auf den Anfang verweist - und damit endlos wird...

Reich mir die Hand
(Tschüs, auf Wiedersehn)

Text und Musik: Stephen Janetzko; CD "Augen Ohren Nase"
© Edition SEEBÄR-Musik Stephen Janetzko, www.kinderliederhits.de

Tempo: ca. 152

(1) Reich mir die Hand, wir wol-len jetzt nach Hau-se gehn.

(2) Bis mor-gen früh, wenn wir uns al-le wie-der-sehn.

(3) Tschüs, auf Wie-der-sehn! Tschüs, auf Wie-der-sehn!

(4) Tschüs, auf Wie-der-sehn! Tschüs, tschüs, tschüs!

Gedacht zum Ende eines jeden Kindergarten- oder Schultags.
Am Freitag können wir dann singen „Bis Montag früh".
Vor den Ferien dann z.B. „Bis zum August" oder „Bis Januar".
Oder pauschal: „Bis nächstes Mal".

Spielanregung: *Wir stehen im Kreis. In der ersten Hälfte fassen wir uns an die Hände und schwingen leicht wie ein Baum im Rhythmus von links nach rechts.*
Zum ersten "Tschüs, auf Wiedersehn" winken wir uns erst mit der einen, beim zweiten dann mit der anderen und schließlich beim dritten mit beiden Händen gegenseitig zu; und bei den letzten drei "Tschüs" klatschen wir alle rhythmisch 3x mit.
Nach dem letzten "Tschüs" winken wir uns noch mal gegenseitig zu, bevor wir dann tatsächlich nach Hause gehen.

*Zusätzlich kann das Lied mit älteren Kindern oder Erwachsenen als **2- max. 8-stimmiger Kanon** gesungen werden, wo dann entweder in der Hälfte, nach jeder 2. oder sogar nach jeder Zeile geteilt werden kann.*

Wenn der Abschied länger als für einen Tag bzw. auf unbestimmte Zeit ist, kann es auch so gesungen werden:
Reich mir die Hand,
wir wollen jetzt nach Hause gehen.
Bis irgendwann,
wenn wir uns alle wiedersehn.
Tschüs, auf Wiedersehn,
tschüs, auf Wiedersehn.
Tschüs, auf Wiedersehn,
tschüs, tschüs, tschüs.

"Reich mir die Hand" kann auch alternativ z.B. als Gute-Nacht-Lied gesungen werden, z.B. abends in der Familie, im Ferienlager usw.:
Reich mir die Hand,
weil wir jetzt alle schlafen gehen.
Bis morgen früh,
wenn wir uns alle wiedersehn.
Eine gute Nacht!
Eine gute Nacht!
Eine gute Nacht!
Gute Nacht!

Hier können wir dann im 2. Teil den Kopf auf die Hände legen, um das Schlafen zu symbolisieren, zum Schluss leiser werden oder leise Schlafgeräusche machen.

DIE CD ZUM BUCH:

Stephen Janetzko:
CD Augen Ohren Nase - Neue Mitmach-, Lern- und Spielkreislieder von und mit Stephen Janetzko *für Kinder von 2-10 Jahren.*

„Für die Praxis in Spielkreis und Kindergarten bestens geeignet."
(aus: Töne für Kinder, 2005/2006).

"Die CD ist bei uns ein Dauerbrenner. Bi-Ba-Badewanne ist das Highlight bei jedem Baden. Diese CD ist wirklich für alle Eltern zu empfehlen. Note: 1+"
(V. Schmidt, Musiker + Papa).

In meist akustischem Gewand (Glockenspiel, Flöte, moderne natürliche Klänge) zehn zeitlose wie zeitgemäße neue Kinderlieder:
Für Kinder vom Vorkindergarten-Alter bis zur Grundschule.
U.a. dabei:
  das lehrreiche "Augen Ohren Nase"-Lied über alle fünf Sinne (zum Mitmachen)
  Kreisspiel zum "Kleinen Vampir", der Freunde findet
  Ratelieder wie "Ri-ra-ri-ra, rat einmal" und "Es war einmal ein Papagei"
  Mitmach-Klassiker "In meiner Bi-Ba-Badewanne" (alle waschen sich mit!) und "Kleiner Hampelmann"
  "Bauer Hans" (verschiedene landwirtschaftliche Arbeitsabläufe) - alle helfen mit!
  "Pi-Pa-Pustewind" (Jahreszeiten, Himmelsrichtungen)
  das leicht lernbare Abschluss-Lied "Reich mir die Hand" (auch als Kanon singbar)

Erweiterte Ausgabe ab sofort erhältlich: Enthält zusätzlich zur bisherigen Fassung alle Instrumentalfassungen auf der CD sowie ein 16-seitiges Booklet mit allen Noten, Gitarrengriffen, Liedtexten und vielen Spielanregungen.

Alterszielgruppe ca. 2-10 Jahre, ideal 3-8 Jahre - Spieldauer ca. 74 min.
Bestellnummer 91033-279 - ISBN 978-3-941923-98-0
INFO & SHOP: **www.kinderliederhits.de** - © SEEBÄR-Musik (Labelcode LC 05037)

... mehr Info, mehr CDs, mehr Lieder & Noten:
www.kinderliederhits.de

Stephen Janetzko

Mit einer 20-minütigen MC „Der Seebär" fing alles an, heute sind es weit über 600 Kinderlieder, die der gebürtige Hagener Liedermacher bereits auf über 50 CDs und in zahllosen Liedsammlungen veröffentlicht hat. Viele davon, wie „Hallo und guten Morgen", „Wir wollen uns begrüßen", „Augen Ohren Nase", „Das Lied von der Raupe Nimmersatt", „Hand in Hand" oder „In meiner Bi-Ba-Badewanne", werden heute gesungen in Kindergärten, Schulen und überall, wo Kinder sind.

www.kinderliederhits.de

www.ingramcontent.com/pod-product-compliance
Lightning Source LLC
Chambersburg PA
CBHW082002060426
42446CB00045B/3383